こどもの
あんぜん
どくほん

監修　国崎信江

太陽出版

はじめに

「こどものいのちを守る」という研究を始めてから早いものであっという間に10年が過ぎました。

私には小学生の息子が２人いますが、小学校入学当時から、こどもを取り巻く環境に不安を感じていました。

それまでは保育園までの送り迎えを私自身がしていたのですが、小学生になると登下校時１人で帰る道が多くなります。こどもがなるべく１人にならないように、と気を揉む私に対して周囲は「心配性」

「過保護」「こどもの自立を妨げるばかり」という意見が多かったものです。

しかし、当時は「やりすぎ」に思われていたことが、現在では「これくらいはやらないと」というように受け止められています。それほど多くのこどもが犠牲になる事件が起きているということなのですが、尊いいのちが奪われた後で対策や教訓が生まれても、救われない家族の「思い」があります。

いまやこどもを狙った凶悪犯罪は後を絶たず、犯罪者の身勝手な欲望や気まぐれで、こどもの命は簡単に奪われてしまう世の中です。どんな地域でも、どんなこどもであっても、常に犯罪に巻き込まれる可能性があるということを認識してほしいと思います。そして、こどもが犠牲になる前に、尊い命が奪われる前に、、私たちはもっと防犯への意識を高めなくてはならないのです。

いままで安全だったこどもが、明日も安全だとは限りません。
いままで安全だった地域が、明日も安全な地域だとは限りません。

　基本的にこどものいのちを守るのは親の責任ですが、その守り方には保護者がすべきことと、こども自身にも「自分の身は自分で守る」ということを伝えていく方法があります。一歩外に出れば、危険が身近に潜んでいる、ということを認識させ、犯罪に対する意識を持ってもらうことで、こども自ら危険を回避する力をつけてもらいたいというのがこの本の狙いでもあります。

難しいことは何ひとつありません。どれも、毎日の生活の中ですぐに実践できることばかりです。お子さんと一緒に読み進めながら、何が危険で、何が安全なのかを少しずつ、しっかりと学んでいっていただけたらと思います。

国崎信江

もくじ

はじめに……2

第1章　おやこで　あんぜんちずをつくろう……13

おぼえておこう！　きけんなばしょはこんなところ……16

キケン！「へい」や「いけがき」「しげみ」のあるみち……18

キケン！「がいとう」がすくないみち……20

キケン！たてものの「あいだ」や「かげ」……22

キケン！ちゅうしゃじょう……24

キケン！どうろに「たくさんくるまがとめてある」ところ……26

キケン！「らくがき」がおおいところ……28

キケン！「ごみ」や「こわれたじてんしゃ」などがいくつもすててあるところ……30

キケン！「ひとのつかっていない」たてもの……32

キケン！「そとからみえづらい」こうえん……34

キケン！「しらないひと」がなんにんもあつまっているところ……36

キケン！おおきなたてものの「トイレ」「かいだん」など……38

キケン！エレベーターのなか……40

キケン！こうじげんば……42

あんぜんな「みち」・「ばしょ」をさがそう……44

あんぜん「ひとがおおくとおる」ところ……46

あんぜん 「がいどう」がおおいみち……48
あんぜん 「しゃどう」と「ほどう」の わかれたみち……50
コラム 「こども１１０番の家」の人と交流を！……56
コラム 「こども１１０番の駅」は心強い味方！……56
いざというときににげこめるばしょを しっておこう……52

第2章 あそびばは おとなにみはってもらおう……57

どこで だれと いつまであそぶか おしえておこう……60
やくそく ともだちのうちの「ばしょ」と「れんらくさき」をかいておこう……62
やくそく 「かえるじかん」はまもろうね……64
やくそく みんなでどこかへいくときは「おとなのひと」にほうこく……66
きんじょのひとの「かお」を おぼえておこう……68
やくそく まいにち あいさつをしよう……70
やくそく すんでいるところの「ぎょうじ」に さんかしよう……72
コラム こどもに防犯を意識させるためにふだんからできること……74

第3章　わるいひとに　であってしまったら……75

ちかづかないようにしたいひとは こんなひと……78

あぶないよ　おかねやものを「あげる」というひと……80
あぶないよ　「おもしろそうなはなし」でさそうひと……82
あぶないよ　「こまっている」ようにみえるひと……84
あぶないよ　「しんせつなこと」をいうひと……86
あぶないよ　「しりあいのふり」をするひと……88
あぶないよ　「へんなこと」をいってくるひと……90

しらないひとがちかづいてこないようにくふうをしよう……92

だいじ！　「ひとり」でこうどうしない……94
だいじ！　ぼうはんブザーは　いつでも「ならせるように」もつ……96
だいじ！　「かぎ」はみえないようにもつ……98
だいじ！　もちものにみえるように「なまえ」などをかかない……100
だいじ！　おうちへはいるときは「まわりにひとがいない」のをたしかめて……102
だいじ！　いえにかえったらだれもいなくても「ただいま」をいおう……104

だいじ！　るすばんのときは「いないふり」をしよう……106

もしも「しらないひと」「わるいひと」がちかづいてきたら……108

わるいひとだ！　むしする　きっぱりことわる……110

わるいひとだ！　あいてとはなれて きょりをとる……112

わるいひとだ！　「ヘンだ」とおもったら はしってにげる……114

わるいひとだ！　おおごえをだす……116

わるいひとだ！　だきつかれそうになったら「しゃがんで」から「にげる」……118

わるいひとだ！　だきつかれたら「てをくんで」しゃがむ……120

わるいひとだ！　てをつかまれたら ひねってほどく……122

わるいひとだ！　じめんに「あおむけ」になって さわぐ……124

わるいひとだ！　「くるまにのせられそうなとき」は もちものをおとして……126

わるいひとだ！　くるまにのせられてしまったら さわがないで「たすけ」をまとう……128

コラム　車にのせられてしまったら……130

データ　こどもが狙われている！　～犯罪データ～……131

第4章　さまざまな　ぼうはんサービス……133

地域の安全サービス　134
ホームセキュリティの活用　135
防犯送迎サービス　136
通報を受けたら担当者が現場に急行するサービス　137
GPSで位置確認できるサービス　138
防犯ブザー&ホイッスル　139
参考になる防犯サイト　143

付録……145

こどもの危険度・チェックリスト 146

こどもの居場所メモ 150

おわりに……152

監修者プロフィール 157

【この本の使い方】

この本は、右ページがお子さま向けの文章、
左ページが保護者の方への解説になっています。

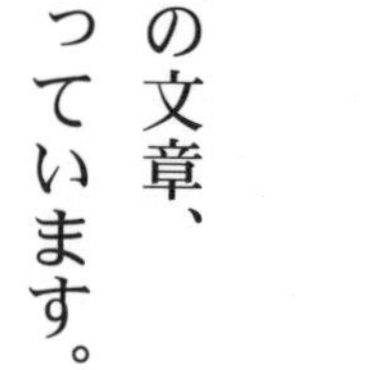

★親子で読む場合

イラストを見ながら親子で一緒に読みすすめることで、家族の防犯意識を高めることができます。項目ごとに、保護者の方の言葉で解説を加えていってください。

★お子さま1人で読む場合

イラストを見ながら右ページの文章を読むことで、こどもの防犯に対する意識を高めることができます。

★保護者1人で読む場合

お子さま向けの文章も含め、ひととおり読むことで、保護者の方の防犯に対する意識を、より高めることができます。

第1章

おやこで あんぜん ちずをつくろう

がっこうへのいきかえりや
いつもあそんでいるばしょ。
ともだちのうちや　おけいこのきょうしつ。
とおりみちの「きけんなところ」と
「あんぜんなところ」を　しっているかな？

どこがきけんなか　どんなふうにきけんなか
ちずをかいてみよう。
おかあさんやおとうさんといっしょに
ぜんぶのみちをあるいて
きけんなばしょを　じぶんでちずにかきこんでね。

地域のどこがどう危険なのか、こどもの判断だけでは心許ないですね。実際に大人と一緒に歩いてみて、「ここは、こうだから危険」と確認しておくことが大切です。そのために、危険な場所を自分自身の手で地図に書き込んだ、「安全地図」の作成をお薦めします。

まず、ベースになる地図を用意します。この地図は、市役所や管轄の警察署で作成している防犯マップをベースにしてもいいですし、市販の住宅地図や、大きめの模造紙で自作したものでもいいでしょう。こどもの行動範囲が1枚の紙に収まるように、サイズを考えて工夫してください。自宅や学校、近所のお店など、目印をいくつか書き込んだら、地図と筆記用具を持って出かけましょう。

おぼえておこう！きけんなばしょはこんなところ

ちずをつくると　いえのちかくの
あぶないばしょがわかるよ

危険な場所は、「人の目が届かない場所」「連れ込まれやすい場所」「ルールが守られていない場所」の3点に注目すると、見つけやすくなります。同時に、危険な事態に遭遇したときに逃げ込める場所や、最も危険度が低いだろうと思われる通学路を、一緒に探しましょう。

　安全地図は、出来映えにはこだわらなくても結構です。目的は、それを作る過程そのものにあります。大人とこどもが一緒にその場所へ行き、「自分の目で確認した」ということが大事なのです。こどもの成長とともに行動範囲が広くなったら、情報を更新していきましょう。親子で危険を見つけ、「どんなふうに危険か」を、大人が説明しながら示してあげると、こどもにも危険の内容がわかりやすくなります。

キケン！

「へい」や「いけがき」「しげみ」のあるみち

たかくてながい「へい」や
「いけがき」や「しげみ」があるみちは
なにかあっても　いえのなかのひとからは
きづいてもらえないよ。
できるだけ　みとおしのいいみちを　とおろうね。

to MAMA & PAPA

昼間でも人が見ていなければ、その場所は誰もいないのと同じこと。アパートがある通りでも、窓がある側より玄関のドア側のほうが人の目がなく、より危険です。どうしても通らなくてはならないときは、周囲に注意しながら、すばやく通過するしかありません。

キケン！

「がいとう」がすくないみち

ここは　あまりひとがとおらないみちだよ。
ちかくにあぶないひとがいても
たすけてもらえないよ。
くらくなったら　もっときけん。
でんきがないから
すぐそばにひとがいても　わからないよ。
がいとうのある　あかるいみちをあるこうね。

to MAMA & PAPA

「街灯が少ない」というのは、もともと人通りが少ない道、という意味でもあります。つまり、夜だけでなく、昼もあまり人目がありません。暗くなると事件に巻き込まれる危険性が増えるだけでなく、車から歩行者が見えづらく、事故の危険もあります。

キケン！

たてものの「あいだ」や「かげ」

たてものの「あいだ」や「かげ」には
わるいひとがかくれていて
きゅうにとびだしてくるかもしれないよ。
ちゅういをしながらあるこうね。

to MAMA & PAPA

物陰のある道は、常に注意が必要です。ビルとビルの間や、生垣、マンションの自転車置き場など、どうしてもそこを通らなくてはならない場合は、「誰かが潜んでいるかもしれない」と警戒しながら、通るように教えましょう。またできるならば、１人ではなく、友達と一緒に通るように教えましょう。

キケン！

ちゅうしゃじょう

くるまのなかや
くるまのかげは
だれかが　かくれているかもしれないよ。
きゅうにくるまが　うごきだすかもしれないから
きけんがいっぱいだ。
ちゅうしゃじょうには　ちかよらないようにしてね。

to MAMA & PAPA

駐車場に車を停めたら、ドライバーは車を離れてしまいますから、人気はなくなります。誰もいない駐車場では、連れ去りや交通事故はもちろん、車上狙いなど別の犯罪に巻き込まれる可能性も出てきますので、こどもだけで駐車場の中には入らせないこと。出入り口付近では、「駐車場から出てくる車」だけでなく、「道から入ってくる車」への注意を忘れずに伝えましょう。また「通りぬけもしてはいけない」と教えましょう。

キケン！

どうろに「たくさんくるまがとめてある」ところ

こういうところは
こうつうルールが　まもられていないところだよ。
「ルールをまもらないひとが　おおいばしょ」は
「きけんなことが　あるかもしれない」
とおぼえておいてね。

to MAMA & PAPA

「窓の割れた建物や車をそのままにしておくと、建物・車自体が狙われる」という心理学の実験があり、「ブロークン・ウィンドウ理論」として知られています。小さなルールが守られていない場所は、大きな犯罪を誘発しがちなのです。またいつも見知らぬ車がたくさん停めてあるような場所だと、連れ去り目的で車を停めていても目立ちません。

キケン！

「らくがき」がおおいところ

だれも　らくがきをやめさせないし
けすひともいないばしょ。
だから　ここでは
「わるいことをしても　いい」っておもうひとが
あつまりやすいんだ。
できるだけ　とおらないようにしてね。

to MAMA & PAPA

前項のブロークン・ウィンドウ理論に基づき、「ニューヨークの地下鉄の落書きを消したところ、凶悪犯罪も激減した」という実話があります。たかが落書きと思いがちですが、小さな犯罪を許すところに、大きな犯罪が多く発生しやすいのです。

キケン！

「ごみ」や「こわれたじてんしゃ」などがいくつもすててあるところ

さわったら　けがをするものや
びょうきになるものが　おちているかもしれない。
あぶないから　こういうところでは
あそんじゃだめだよ。

to MAMA & PAPA

廃棄した家電や、自転車などが無断で捨ててある場所は、次々とゴミが増えていく傾向があります。こうした場所は、ルールが守られていないというだけでなく、ゴミに有害なものが混じっている可能性もあり、近づくととても危険です。

キケン！

「ひとのつかっていない」たてもの

のぞいてみたい
はいってみたいとおもっても　がまん。
だれもすんでいないたてものは
こわいひとが　かくれているかもしれないよ。
ちかよらないようにしてね。

to MAMA & PAPA

空き家や空き店舗、工場跡などは、人気がなく危険です。買い手がつかず長期間放置されていたり、窓などが壊れたままになっていたりしたら、危険度はさらに大きくなります。

キケン！

「そとからみえづらい」こうえん

おおきなきが　はえていたり
おおきなあそびどうぐが　おいてあるこうえんは
かくれんぼしやすけど
わるいひとも　かくれやすいんだ。
「みとおしのいい」こうえんで　あそぼうね。

to MAMA & PAPA

うっそうとした木や、見通しを悪くする大きな遊具のある公園はこどもにとって危険な場所です。トイレの位置、および、出入り口の向きも確認してください。公園入り口が見通しの良い向きにあれば比較的安全です。マンションに隣接していても、玄関側が公園に向いているところは、人の目が行き届かないため危険。窓側が向いている場合でも、生垣などでリビングや庭からの人の目が遮られている場合は、同様に危険です。

キケン！

「しらないひと」がなんにんもあつまっているところ

おさけをのんでいるひとや
しらないひとが　あつまっているばしょは
ちゅういしてね。
わるふざけを　してくるかもしれないから
ちかよっちゃだめだよ。

to MAMA & PAPA

酔っ払いや、若い人がたむろしている場所にも注意しましょう。ふだんはおとなしい人でも、酔っ払っていたり集団でいることで、気が大きくなったり、怒りっぽくなったりしているかもしれません。

キケン！

おおきなたてものの「トイレ」「かいだん」など

スーパーや　おおきなたてものにはいったら
おうちのひとと　いっしょにいよう。
とくに　「トイレ」や「かいだん」は
ひとがあまりいないよ。
ひとりであそばないようにしてね。

to MAMA & PAPA

ショッピングセンターや公民館などは、ノーチェックで誰でも入れます。フロアに多くの人がいるため、余計に油断しがちですが、実はトイレや階段はほとんど防犯カメラもなく、完全な死角となり、犯罪のおきやすい場所です。公民館などの公的な施設でも、あまり利用者がいない場合はかなりの警戒が必要でしょう。

キケン！

エレベーターのなか

エレベーターは　そとからみえないし
だれでもでいりできるよ。
できるだけ　ひとりではのらないでね。
もしひとりのときは　いりぐちにたって
すぐに　ボタンをおせるようにしてね。

to MAMA & PAPA

エレベーターは密室ですし、閉じこめられてしまう危険もあります。こどもが大人とふたりきりになった場合は、必ずドア近くの操作パネルのそばに立ち、「いつでもボタンを押して逃げられるように」と教えます。

キケン！

こうじげんば

ひるは　くるまがたくさんとおるよ。
よるやにちようびは
こうじのひとも　いなくなってしまうから
なにかあっても　きづいてもらえない。
おおきなきかいも　たくさんおいてあるから
さわると　おおけがすることもあるよ。
はなれたばしょを　あるいてね。

to MAMA & PAPA

死角が多く、大きなトラックが出入りする工事現場ですが、たとえ工事がお休みの日でも、近づかせないようにしてください。資材や工事用車両など、うっかり触ると命に関わるものもあります。工事現場だけでなく、立入禁止とあるところはすべて危険です。離れた場所を歩くように教えましょう。

あんぜんな「みち」・「ばしょ」をさがそう

ちかいけど　くらいみち。
とおいけど　あかるいみち。
どっちがあんぜん？

２００５年上半期に発生した15歳以下を対象とする略取・誘拐事件の約半数が、午後３〜６時の間に発生しています。こうした事件に巻き込まれる可能性は、下校時から放課後が、最も危険の大きい時間帯といえます。少しでも安全な道を選んでおきたいですね。

登下校の通学路は、本来は安全に配慮して指定されています。しかし定期的に見直しがされていなければ、昔見通しのよかった安全な道が、現在では大きな施設ができて交通量も増えて通りにくい道になっていることもあります。親子で通りながら確認をしましょう。お友達の家や塾、おけいこに出るときの道については、「近道より、安全な道」をこどもと一緒に見つけておきましょう。

あんぜん

「ひとがおおくとおる」ところ

しょうてんがいや
ひとがたくさんいるところは
こまったことがあっても
すぐだれかがたすけてくれるよ。
こういうみちをあるこうね。

to MAMA & PAPA

大きな通りで車が多く通っていても、必ずしも「人が多く通る」とは限りません。車の幹線道路より、商店街のように人がたくさん通る細い道のほうが、ずっと安全といえます。

あんぜん

「がいとう」がおおいみち

「がいとう」がおおいみちは
たいてい　とおるひともおおいよ。
くらくなってからは
なるべく　「がいとう」のおおい
あかるいみちを　とおろうね。

to MAMA & PAPA

街灯が多い道は、基本的には人通りが多い場所。夜明るいのはもちろんのこと、昼間、何かがあった場合でも、人に気づいてもらえる確率が高い場所です。たとえ遠回りをしてでも、街灯のある表通りを通ることを教えましょう。どこが表通りかを確認する意味でも、街灯の数を見ておきましょう。

あんぜん

「しゃどう」と「ほどう」のわかれたみち

くるまがとおるみちと　ひとがとおるみち
はなれているほうが
くるまでつれていかれたりしないから　あんしんだよ。
ほどうからは　ぜったいに　おりないでね。

to MAMA & PAPA

ガードレールひとつあるだけで、交通事故対策というだけでなく、突然車の中に引き込まれる「連れ去り」事件は起こりにくくなります。ガードレールのある道では、必ずガードレールの内側を歩くように教えましょう。

いざというときに にげこめるばしょを しっておこう

誰かに追いかけられたり、怖い人を見かけたとき、どこへ向かって逃げるか、しっかりと頭に入れておきたいですね。「ここからなら、どこが一番近くて確実に助けてもらえるか？」と、こどもと話し合いながら、一緒に歩いてみることをお薦めします。もしものことがあった場合、逃げ込んだ場所から電話をして、家の人に迎えに来てもらうよう教えましょう。

にげこめるよ!

●ぼうはんにきょうりょく
してくれるところ

こうばん
しょうぼうしょ

●よるまであいているおみせ

コンビニエンスストア　ファミリーレストラン
ガソリンスタンド　スーパー

にげこめるよ!

●こうきょうのしせつ

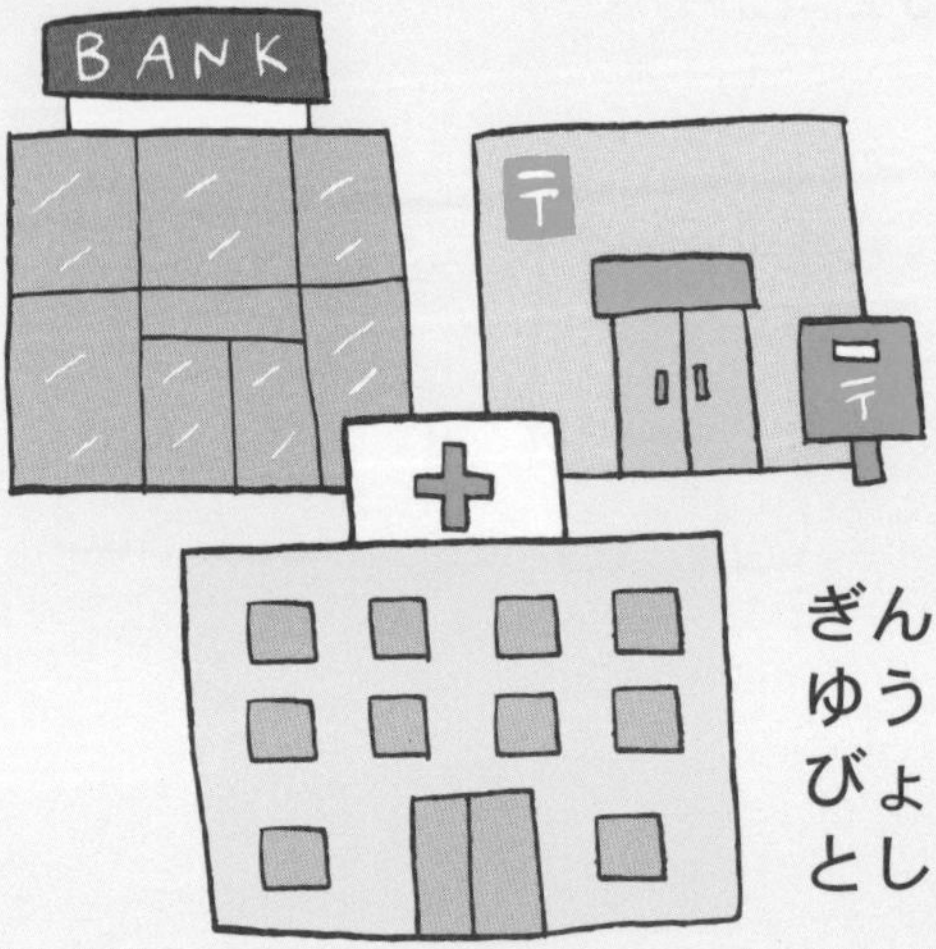

ぎんこう
ゆうびんきょく
びょういん
としょかん　えき

●べんきょうやスポーツのならいごとなどをするところ

がっこう　じゅく　スポーツセンターなど

●ひとのいえ

こども110ばんのいえ
「ぼうはんれんらくしょ」の
ふだがかかっているところ

「こども110番の家」の人と交流を！

実際には、こども110番の家、防犯連絡所は、その札を掛けること自体が犯罪の抑止力になっているため、家の人が不在にしている、または鍵がかかっている可能性があります。こどもに「こども110番の家」をおぼえさせるためにも事前にあいさつにいき、ふだんの不在時間を確認しておきましょう。それ以外でも、何かあったときに確実に逃げ込める家を確認しておきましょう。

「こども110番の駅」は心強い味方！

平成18年4月より、全国2819の駅で「こども110番の駅」活動が実施されるようになりました。こどもが助けを求めてきた場合、①こどもを保護し、こどもの安全を確保。②こどもを落ち着かせて優しく接する。③何が起きたのか状況確認を行う。などの対応をしてくれます。また、こどもに代わって110番通報を行ったり、一時避難場所の提供、保護者や学校への連絡、救急車の手配などを行います。もちろん、犯罪発生時以外でも日頃から安全な地域作りの活動を行います。ふだんから、「おはよう・こんにちは」など、こどもに駅員さんとのあいさつを習慣づけておくとよいでしょう。

第2章

あそびはおとなにみはってもらおう

おとなのいないばしょであそぶときは
いまどこにいるのか
これからどこへいくのかを
ぜったい　おとなにつたえておこう。
いつでも　れんらくがとれるように。
いつでも　たすけてもらえるように。

外が危険だからといって、ずっと家の中で遊ばせるわけにもいきません。少しずつ世界を広げていくことは、こどもの発達では欠かせない過程のひとつですし、新しい環境や経験のない状況に出会うことで、生きる知恵は身についていくものです。

危険な場所にはなるべく近づかない、通るときは気をつけてすばやく、というのは当然ですが、こどもだけの判断や注意で対応しきれるものではありません。当然そこには、保護者どうし、地域ぐるみの連帯が必要になります。

ただ、月に何回も集まったり、毎日何人もパトロールに回ったり、そうした手間暇のかかることだけが連帯ではありません。そこまでできれば理想的ですが、もっと日常的に、「これならできる」ということから始めてみたいと思います。

どこで　だれと
いつまであそぶか
おしえておこう

「友達のところ」へ行っても、そこから先、また公園へ遊びに行くことも多いはずです。「うちのこどもは今、このへんにいるな」とわかるよう、必ず行動予定を告げることを習慣にしておきましょう。また親はこどもから行き先を言われて場所のイメージができるように、こどもが遊ぶ場所がどういう環境であるのかを確認しておきましょう。

- だれとあそぶ？

○○くんと

- なんじにかえる？

4じ

- ほかにいくところは？

△×こうえん

やくそく

ともだちのうちの「ばしょ」と「れんらくさき」を かいておこう

いつもあそんでいる　ともだちのなまえと
ともだちの　うちのれんらくさきを
まとめてかいておこう。
あんぜんちずに　ばしょをかいておくと
わかりやすいよ。

to MAMA & PAPA

遊び友達の名前と家、連絡先を安全地図で確認し、リストを作っておきます（巻末にこどもの居場所メモがついています）。新しい友達の名前が出てきたら、名前だけでもリストに加えておいてください。名前がわかれば、あとで連絡網などで電話番号を調べることができます。

こどもが自分で電話をかけられないうちは、相手のお母さんと連絡をとり、行き来のたびに連絡をとりあうようにしたいですね。友達が遊びに来たら、「いま着きました」「これから帰ります」と電話をかけ合うなど、密に連絡をとり合いましょう。

やくそく

「かえるじかん」は　まもろうね

「かえるじかん」をきめて
おうちのひとに　やくそくしておこう。
そして　かならずやくそくのじかんに　かえること。
けがをしたりして　かえれなくなったときにも
すぐにさがしてもらえるよ。

to MAMA & PAPA

こどもに帰宅時間を約束させ、時間をどうやって確認したらいいかを相談しておきましょう。友達の家では、家の時計を、公園では、立っている時計もあります。時間が過ぎても戻らない場合は、早めにお友達宅へ電話をしましょう。これは保護者同士が顔見知りになっておくための方法のひとつでもあります。

やくそく

みんなでどこかへいくときは「おとなのひと」にほうこく

どこにいっているか　おとながだれもしらないと
しんぱいされてしまうよ。
すぐそばのこうえんに　いくときでも
かならず　いきさきを
だれかにつたえておいてね。

to MAMA & PAPA

出かけた先からさらに、公園などに移動して遊ぶ場合は、場所を必ず大人に告げるよう習慣づけましょう。また大人は必ず、「どこへ行くの？　ずっとそこにいる？」と、こどもの行き先、遊び時間を確認しておきましょう。

きんじょのひとの「かお」をおぼえておこう

最近では、地域の人の顔を知らないという人も多いようです。防犯のためばかりとは限りませんが、地域の人とふれあえる機会を持ち、できるだけ相手の顔を覚えておくようにしましょう。

顔見知りだからと言って、完全に信用してよいとは限りませんが、お互いに顔を覚えておくことが、犯罪の防止、早期発見につながる場合もあります。こどもを守れるのは大人しかいないのは確かです。地域の大人が協力し合い、安全な環境を作りましょう。

このひと　どこの　だれかな？

やくそく

まいにち　あいさつをしよう

ちかくにすんでいるひとに
「おはようございます」
「こんにちは」
と　あいさつしよう。
かおをおぼえてもらうと
こまったことがあったときにも
すぐにきづいてもらえるし
そうだんしやすくなるんだ。

to MAMA & PAPA

近所の人や買い物をするお店にこどもを連れて行き、こどもの顔を覚えてもらうことは、とても大切です。もし、こどもが見知らぬ大人に声をかけられている場面に出くわした場合、言葉を交わしたことのある子になら、「その人はだれ？」と尋ねやすくなり、こどもを守ってくれることもできるからです。また、こどもがひとりで遊んでいても、「気をつけてね」などと声をかけやすくなるからです。

やくそく

すんでいるところの「ぎょうじ」に さんかしよう

ともだちのおかあさん
おとうさんのかおや
ちがうがくねんのこの
なまえをおぼえておこう。
こまったときにも
たすけあえるよ。

to MAMA & PAPA

地域の清掃活動や運動会、学校のお祭りなど、行事にはなるべく参加しましょう。こどもの顔を憶えると同時に、ほかの子の顔を憶えておくことも大切です。こどもの交友範囲の確認にもなりますし、万が一のとき、「その子なら〇〇で見た」という情報が、大きな手掛かりになることもあります。また、忙しくて行事の準備に参加できないとしても、そのまま何も言わずに欠席するより、「すみませんお手伝いできなくて」と顔を合わせて一言入れるだけでも、保護者どうしの印象は変わります。

いざというときにスムーズに連絡をとり合えるよう、「その人なら会ったことがあるかも」という程度だけでも、お互い顔見知りになっておきましょう。

Column

こどもに防犯を意識させるために ふだんからできること

①親子でニュースを一緒に見る

こどもに関する事件があった場合には、こどもにも声をかけ、一緒にニュースを見るようにします。

②事件の内容をわかりやすく伝える

事件の内容を、こどもにもわかるように、かみくだいて伝えます。

③同じ事件に巻き込まれた場合を考えさせる

「もし、○○ちゃんがこんな事件に巻き込まれたらどうする？」といったように、同じような事件に巻き込まれた場合、こどもはどうするのか意見を聞きます。

④いろいろなケースを想定して考えさせる

「もし、うしろから追いかけてこられたらどうする？」「もし、そのときうでをつかまれたら？」など、こどもの答えからさらに踏み込んだケースを想定して質問をし、さまざまな事態への対処法を考えさせます。

⑤こどもの答えに対してアドバイスする

「そういうときは、素早くこども110番の家やお店、ガソリンスタンドに逃げ込むのよ」「うでをつかまれたら、こういうふうに外すのよ」と、こどもの答えに対して、具体的なアドバイスをし、なぜそうしたほうがいいのか、理由もしっかりと説明します。

⑥事件の続報を伝える

こどもと一緒に見た事件の続報は、その後の経過をしっかりとこどもに伝えるようにします。

第3章

わるいひとにであってしまったら

わるいひとって　どんなひと？
わるいひとはたいてい
いいひとのふりをしているよ。
だから「いいひと」と「わるいひと」をみわけるのは
おとなでもむずかしい。

いちばんいい　みっつのほうほうを　わすれないで。
「しらないひと」にはちかづかない。
「しらないひと」がちかづいてこないように　くふうする。
「しらないひと」がちかづいてきたときの
にげかたをれんしゅうしておく。

残念ながら、「良い大人」と「悪い大人」を初対面で見分ける方法はありません。「知らない大人が近づいてきたら、逃げなさい」という教育をせざるをえないのは、残念なことです。親切心で近づいてきた相手に、不愉快な思いをさせてしまうこともあるかと思います。それでも、相手を不愉快にさせてしまうリスクは、こどもを危険な目に遭わせるリスクと引き替えにはできません。

「顔見知りの犯行」でさえ36％を占めます。ましてや知らない人には、決して近づかないこと、近づいてきたら距離をとることです。「知っている大人」の範囲もある程度狭めて、こどもと親の「知らない人」の認識を同じにしておく必要があります。そして、大人が「近づいてきた」「腕をつかんできた」ときにどうすればいいのか。実際にその場で動けるよう、「おうちの人とレスリングごっこ」というゲーム感覚で結構ですから、練習してみてください。

ちかづかないように
したいひとは
こんなひと

人は、年齢、性別、服装などの見た目では判断できません。「大好きなおじいちゃん」や、「やさしいおねえちゃん」と雰囲気が似ていて、とてもいい人そうに見える人でも、「知らない人」には決して近づいてはいけないのです。

やさしいかおでも

こわいことをかんがえているひとがいるよ

あぶないよ

おかねやものを「あげる」というひと

「おかしなら　うちにたくさんあるから　おいで」

「にあうふくをかってあげるから　ついてきて」

「むこうのおもちゃやさんで　ふうせんをもらえるよ」

っていわれても　ついていっちゃだめ。

ものをあげたり　もらったりするのは　しっているひとどうしが
すること。「ともだち」や「しんせき」だけなんだ。

しらないひとどうしは　あげたりもらったりしないのがふつう。

しらないのに「あげる」というひとは
ふつうじゃないとおもっていいよ。

to MAMA & PAPA

「あげるんじゃなくて、その○○と交換だからね」ということもありますが、もののやりとりは全て禁止です。「知らない人からものをもらわない・あげない」は鉄則です。

あぶないよ

「おもしろそうなはなし」でさそうひと

「ゲームをおしえてあげる」

「いっしょにサッカーをしようよ」

「ねこすき？

うちにこねこがいっぱいいるから　みにおいでよ」

なんて　おもしろそうなことをいわれても
ついていかない！

to MAMA & PAPA

こうした誘いかけの例のほかにも、お子さんの好きそうなこと、ついていきそうなことについて、例を挙げて教えてください。どんな誘われかたをされても「絶対についていかない」、「何もしゃべらずに、とにかく逃げるように」と教えます。また、必ず親に報告することを徹底しましょう。

あぶないよ

「こまっている」ようにみえるひと

「ゆうびんきょくに　いきたいんだけど」

「にもつがおもくてたいへん。てつだってもらえる？」

「こねこがいなくなったから　いっしょにさがして」

「しょうがくせいにアンケートをとっているんだ」

「おなかがいたい！　ちかくにびょういんはない？」

なんていわれても　ついていかない！

ほんとうにおてつだいがほしいなら
おとなにたのむはずだよ。

とてもこまっているようにみえたら　おとなをよびにいこう。

to MAMA & PAPA

こどもには大人の役に立ちたいという気持ちがありますから、困っている人を見ると、善意から手伝ってしまいがちです。でも、本当に「困っている人」を助けたいなら、「大人を呼びに行く」のがいちばんいい、ということを教えましょう。

「しんせつなこと」をいうひと

「くらくてあぶないから　うちまでおくってあげる」
「ころんじゃったの？　だいじょうぶ？
しんぱいだから　うちでてあてしよう」
もしかしたら　しんせつなひとかもしれないけど
しらないひとに　おせわになるのはダメ。
そのひとのくるまには　ぜったいのらないこと。

to MAMA & PAPA

遊びすぎて帰宅時間が遅くなり、お母さんに叱られそうなときや、疲れて帰る途中に「車で送ってあげようか？」と声をかけられたら…。困っているときに助けてくれる人は、親切な人に見えてしまうかもしれません。でも、自宅の車以外には絶対に乗らないこと！近所の人などに誘われた場合でも、「お母さん以外の運転だと、すぐに酔っちゃうから」と断らせましょう。

「しりあいのふり」をするひと

「おとうさんが　じこにあったからびょういんへいこう！」
「おかあさんが
かいもののてつだいをしてほしいって　よんでいるよ」
「〇〇ちゃんだよね？　まえにあったことがあるんだけど
おぼえてるかなあ」
なんて　いろんなりゆうをつけて
いっしょにくるようにいわれても　ついていかないで。

to MAMA & PAPA

家族に事故が起こったのであれば、学校や警察に問い合わせればすぐにわかります。知らない人からこのように声をかけられたら、近くにある避難場所（友達の家や、公共の施設ほか）へ行って、自宅や学校に連絡をとり、確認させましょう。

あぶないよ

「へんなこと」をいってくるひと

「おちんちんをみせて」

「ブランコにのってみせて」

「ランドセルをかして」

「フィルムケースにつばをいれて」

こんなふうに
へんなことをいうひとがいたら　すぐににげよう。

to MAMA & PAPA

こうした人に声をかけられた場合、「少しでもおかしいと思ったら、無視」をして通り過ぎるよう、徹底させてください。反応することで相手を刺激してしまう場合もあります。

しらないひとが
ちかづいてこないように
くふうをしよう

こどもに近づこう、誘拐をしようと犯罪を企んでいる人でも、それに適した環境やチャンスがなければ、実行に移すことはできません。相手に犯罪のチャンスを与えないための行動、犯罪を起こさずに諦めさせるための方法を知っておきましょう。

がっこうがえり
なんにんのともだちと　かえってるかな？

だいじ！

「ひとり」でこうどうしない

そとへあそびにいくときは
かならずともだちをさそって
かえるじかんも　いっしょにしよう。
トイレはとくにきけんだから
ひとりではいらずに
さそいあっていこうね。

to MAMA & PAPA

女の子は、比較的一緒にトイレにいきますが、男の子でも、一緒にトイレに行くように教えましょう。
たとえそれがこどもであっても、ほかのこどもに犯行現場で「顔を見られた」と思えば、簡単に犯罪をおかすことはできません。こどもどうしの協力で、1人っきりの子を作らないよう気をつけさせてくだ

さい。
1人の場合は、できれば入らずに、ガソリンスタンドやコンビニエンスストアなど、管理者のいるところのトイレに入るように教えましょう。どうしても入りたいときは「中に誰かいないか」確認し、出入口に近いところを使うように教えましょう。

だいじ！

ぼうはんブザーは
いつでも「ならせるように」もつ

ぼうはんブザーは　すぐならせるところにつけてね。
もし　ひとりであるくことがあったら
ブザーのスイッチをてのなかにいれて　もっていよう。

to MAMA & PAPA

せっかく防犯ブザーを持っていても、鳴らしづらい位置についていたのでは、いざというとき鳴らせません。鳴らしやすい位置につけましょう。ホイッスルなら誤操作がなく便利です。なお、長すぎるひもは凶器になる危険もありますので、ランドセルの肩紐の下部に短い紐でつけるなど、操作しやすく危険のない場所を工夫しましょう。

だいじ！

「かぎ」はみえないようにもつ

いえのかぎを　みえるようにもっていると
「このこは　いえにだれもいないこだな」
とおもわれて　あとをつけられることがあるよ。
かぎは　みえないようにもってね。

to MAMA & PAPA

共働きの両親で、こどもに鍵を持たせる場合は、鍵っ子であることが周囲にわからないよう十分注意を払ってください。鍵に紐をつけてポケットに入れるなどして、見えないように持たせてください。

だいじ！

もちものに　みえるように「なまえ」などをかかない

「なまえ」や「じゅうしょ」がわかると　しらべられて　うちまできてしまうかもしれないよ。もちもののなまえは　みえないようにしてね。

to MAMA & PAPA

カバンや自転車などの、目立つところにこどもの名前を書いてしまうのは危険です。名前を呼ぶことで親戚や知人を装うケースもあります。紛失予防のため記名が必要であれば、底のほうや裏側など、目立たないところに入れましょう。

だいじ！

おうちへはいるときは「まわりにひとがいない」のをたしかめて

かぎを　じぶんであけていえにはいるときは
しらないひとが
いっしょにはいろうと　するかもしれない。
まわりをみて　だれもいないのをたしかめて
かぎをあけたらすぐにいえにはいろう。
はいったら　すぐにかぎをかけよう。

to MAMA & PAPA

玄関に入る、帰宅の瞬間がいちばん危険です。一緒に自宅に侵入されてしまったら、外からは気づいてもらえなくなります。ドアを開けるときは、周りに怪しい人がいないか注意し、閉めたらすぐ、内側から鍵をかける癖をつけましょう。

だいじ！

いえにかえったら だれもいなくても 「ただいま」をいおう

いえにかえったら
かならずおおきなこえで
「ただいま」をいってね。
ほかにひとがいるふりをすれば
あぶないひとは　ちかづかないよ。

to MAMA & PAPA

誰かが家にいるような様子が伺えれば、犯罪の起きる可能性は少なくなります。逆に、こどもしかいないとわかると、狙われやすくなります。

だいじ！

るすばんのときは「いないふり」をしよう

ひとりっきりで
るすばんをしているときは
でんわやチャイムがなっても
ぜったいにでないでね。
おうちのひとがかえるまで
いないふりをしてまとう。

to MAMA & PAPA

玄関は、必ず内側からチェーンロックをかけさせます。宅急便の配達員のふりをしたり、「トイレを貸して」などと声をかけて、ドアを開けさせる手口もありますが、決して開けないように教えましょう。

また電話の場合、「いまおかあさんはいません」と答えるのも、こどもしかいない家だと答えているようなもの。どんなときでも「いまいるのはこどもだけ」という確証を与えないことです。留守番電話の対応を待って、「お母さんです」という声を確認した場合のみ、出てもいいでしょう。

できれば1人での留守番は、「居留守」を理解できる年齢になってからがよいでしょう。（小学校2年生くらいから。個人差あり）

もしも「しらないひと」「わるいひと」がちかづいてきたら

ここでは、最悪の事態が起こった場合の練習をします。できればおとうさんが悪い人の役を担当してください。こどもは大人に本気で捕まえられたことがあまりありませんから、「いざとなれば、暴れるだけですぐに逃げられる」と思い込んでいたりします。これは本当に「最後の手段」で、うまく逃げられるかどうかはわからないこと、決して「これを知ってるから油断していても大丈夫」という意味ではないことを、親子でよく確認しあってください。

おうちのひとに　わるいひとのやくを
やってもらって　れんしゅうしよう

むしする　きっぱりことわる

「なにかをくれる」といっても　いらないといおう。
きこえないふりをしてもいいよ。
とにかくぜったいに　あいてのほうをみないで
すばやくにげること。

to MAMA & PAPA

声をかけられたくらいなら、そんな警戒しなくても……と思うかもしれませんが、相手が車に乗っていたりすると、こどもが引きずりこまれるまでは、ほんの一瞬です。声をかけられても決して耳を貸さずに、人のいる方向へ逃げましょう。相手が車の場合、できれば進行方向と逆方向へ逃げます。

わるいひとだ!

あいてとはなれて　きょりをとる

ゆだんしていると　うでをつかまれたり
なぐられたりするかもしれない。
とびかかってきても　よけられるように
あいての　うでのながさの　2ばいいじょう
はなれていよう。

to MAMA & PAPA

相手が一歩踏み込んでくることを考えて、できれば腕の長さの2倍以上、距離をとります。どれくらいの距離ならつかまえられないか、ご家庭内で何度か試してください。

わるいひとだ!

「ヘンだ」とおもったら　はしってにげる

へんなひとがいたら
ぜったいに　まよっちゃだめ。
すぐにはしってにげよう！
あんぜんちずでしらべておいたばしょに
にげこんで　だれかにはなして
おかあさんやがっこうに
でんわしてもらおう。

to MAMA & PAPA

「へんだ」と思ったらすぐ、一歩でも先に走りだせば、逃げられる確率もそれだけ高くなります。相手に失礼かも……自分の勘違いかも……と、考えている余裕はありません。直感でいいのです、とにかく走って逃げましょう。

おおごえをだす

しらないひとが　しつこくよってきたら
なにもされていなくても
おおごえをだしていいんだよ。
たださけぶのではなくて
「いやだ！」
「たすけて！」
「けいさつをよぶよ！」
といおう。

to MAMA & PAPA

いざとなると大声を出せない、ということは、珍しくありません。走っている車の中や、枕を口に当てるなどして、お腹から声を出す練習をしておきましょう。「キャー！」という悲鳴だけでは、遊んでいる声だと思われてしまうので、「たすけて！」「おまわりさん！」と言葉にできるようにしておきたいものです。

だきつかれそうになったら「しゃがんで」から「にげる」

だきつかれそうになったら
パッと　したに
しゃがんでから
ダッシュしてにげよう。

to MAMA & PAPA

抱きつかれそうになった場合、地面に手をつくように勢いよくしゃがむことで、身体を捕まえづらくしながら、相手をひるませることができます。そこから立ち上がりながらダッシュで逃げます。「タッチ＆ゴーで逃げる」と覚えて、練習してください。

にげる

わるいひとだ!

だきつかれたら「てをくんで」しゃがむ

こわいひとにだきつかれたら
りょうてを　「おいのりのかたち」にくんで
おもいきりしゃがみこんで　うでからぬける。
そのあと　すぐにはしってにげよう。

to MAMA & PAPA

手を組むのは、手首を捕まれないようにするためです。これは大切なポイントです。あとは「タッチ＆ゴー」と同じ動きで、下にしゃがんだあと、すぐに走って逃げます。

てをつかまれたら　ひねってほどく

つかんできたあいてのてを
ひっぱってもにげられないよ。
つかまれたじぶんのてを
あいての「てのこう」のほうこうへ
ぐいっとひねるようにすると　ほどけるよ。

to MAMA & PAPA

実際にやってみましょう。つかまれた自分の手を、ぐいっとひねることで、相手の手をはずすことができます。外側からつかまれたら外側へ。内側からつかまれたら内側へ。自分の手をひねって相手の手をふりほどきます。とっさにどう動かせばいいかわかるようになるまで、練習します。

じめんに「あおむけ」になってさわぐ

にげきれなくなったら　さわいで
じかんかせぎをしよう。
ねころんで　てあしをばたばたさせて
おおきなこえで
さわごう。

to MAMA & PAPA

これは、どうやっても相手につかまりそうになったときの、最終手段です。こどもがダダをこね、おとなしくしていないことがわかれば、相手も諦める可能性が出てきますし、もし最悪、車などに乗せられるにしても、周囲の大人がその異変に気づくチャンスを増やします。

「くるまにのせられそうなとき」は もちものをおとして

「くるまはいやだ！」「のりたくない！」「おろして！」とさけぼう。
のせられそうなときは　あばれながら
ぼうしやてぶくろなどの
もちものを
おとしておくこと。

to MAMA & PAPA

自分の力で逃げるチャンスは、「車に乗せられる瞬間まで」です。車に乗せられそうになったら、大声で拒否の言葉を叫び、帽子やランドセル、靴などを路上に落として、周囲に気づいてもらえるよう、少しでも手掛かりを残すように伝えましょう。

わるいひとだ!

くるまにのせられてしまったら さわがないで「たすけ」をまとう

こわいひとのくるまにのせられても
なかない　さわがない　あばれない。
むりをしないで　「たすけ」をまつこと。

to MAMA & PAPA

車に乗せられてから騒いだり、走っている車から飛び降りたりするのは、非常に危険です。乗せられてしまった場合は、これ以上犯人を刺激しないことが大切です。そのためにも普段から、「そんなことになっても必ず助けてあげるから」と約束しておきましょう。

車に乗せられてしまったら

●こどもがとる手段

前のページでお伝えしたように、こどもが犯人の車に乗せられてしまった場合は、基本的にはおとなしく犯人の指示にしたがっていたほうがよいでしょう。特に犯人が２人以上いる場合は、反抗したり、逃げだそうとしたり、携帯電話で連絡を取ろうとするそぶりを見せると、犯人を逆上させる可能性もあり、とても危険です。

犯人が１人の場合には、最終手段として、信号待ちなどのときに隙を見て逃げるという方法もあります。近くに逃げ込める場所・人がいることを確認したうえで、車のドアが開くかどうかをそっと確かめ、もしドアがあいた場合には走って逃げて、大声で助けを求めます。このとき、周りを走る車にもよく注意しなければなりません。

ただしこういった行動は、とても危険であることは言うまでもありません。自分の意志で、周りの状況を判断することのできないこどもには、決して無理をさせないようにしましょう。

●大人がとる手段

帰ってくるはずのこどもが帰ってこない、という場合には、車でどこかに連れ去られている、また何かの事件に巻き込まれているという可能性も考えらえます。この場合は、次のような順番で、迅速に行動を起こしてください。

①こどもが携帯電話を持っている場合には、携帯電話にかけてみる。
②携帯電話の応答がない場合には、学校、こども１１０番の家、友達の家、近所の人などに連絡を入れ、こどもがいないか、見かけなかったかを確認する。
③そこでも見つけられない場合は、すぐに警察に連絡する。

警察に連絡する際は、こどもに関する情報をできるだけ多く伝えることが大切です。

「通常なら、何時に帰ってくるはず」
「この曜日は、～のあと、ΔΔ通りを通って帰ってくるはず」
「お友達の〇〇ちゃんと一緒にいるはず」

こどもがふだん、誰とどこで遊び、どこを通って、何時くらいに帰るのか、といった情報をもとに、捜索、目撃者探しが行われれます。親がこどもの行動をどれくらい把握しているかが、早期発見の鍵になります。

こどもが狙われている！　～犯罪データ～

警視庁のデータによれば、小学生以下のこどもを取り巻く犯罪のうち、被害件数が多いのは、①窃盗、②強制わいせつ、③暴行、④傷害、⑤恐喝、⑥略取・誘拐、⑦公然わいせつ、⑧殺人、⑨脅迫、⑩強姦、⑪強盗、⑫詐欺という順になっています。中でも、略取・誘拐で小学生の占める割合は、34％です。近年の犯罪は、その動機も明確ではなく、無差別的な犯罪が増えています。「いつ、どこで、だれに、どんなことをされるかわからない」ということを念頭に、親子ともに「常に防犯の意識を持つ」ことが大切です。

■犯罪被害の状況

（略取・誘拐の場合）

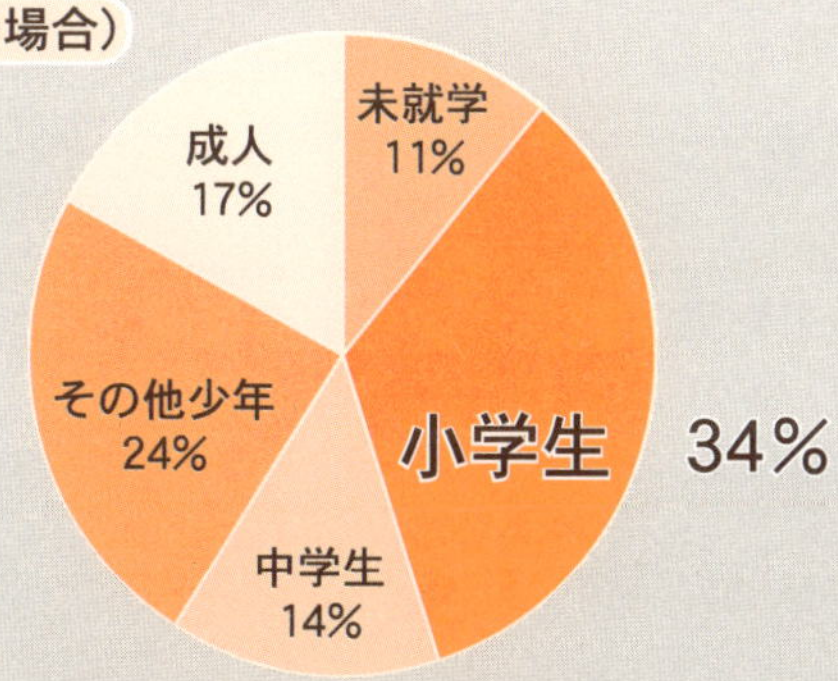

（殺人の場合・就学別）

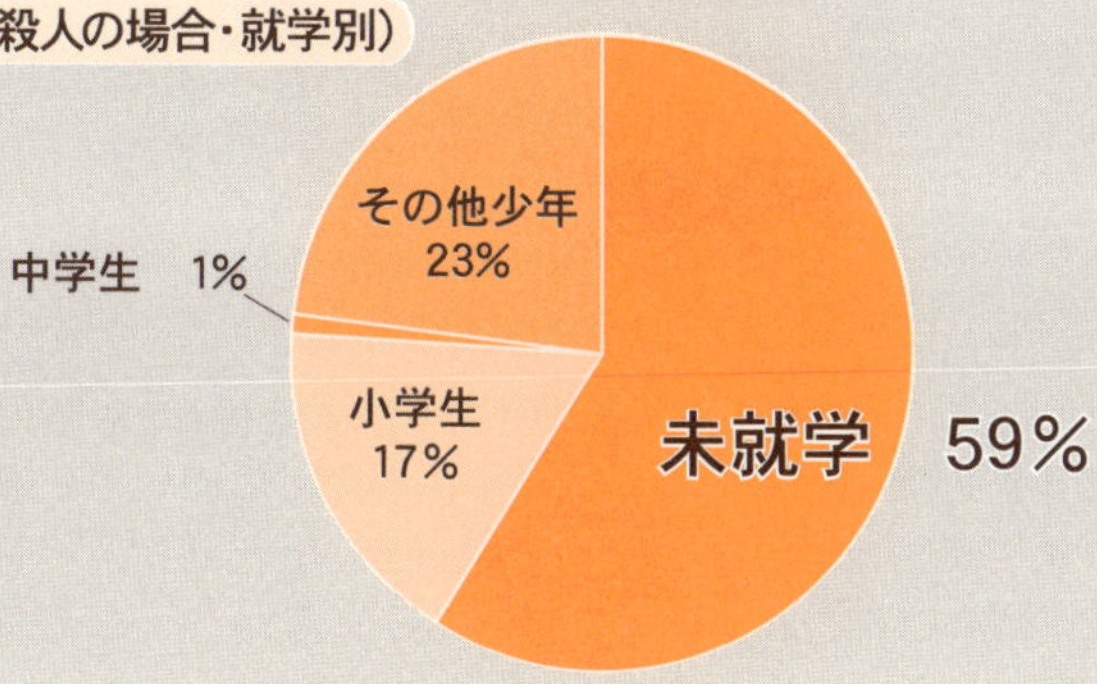

■街頭における略取・誘拐の男女比

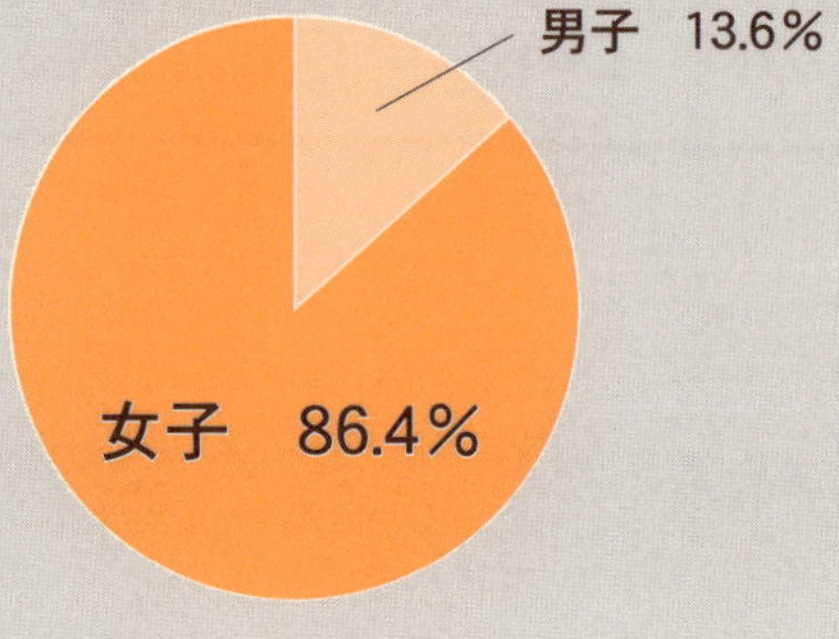

■街頭で略取・誘拐が発生する場所

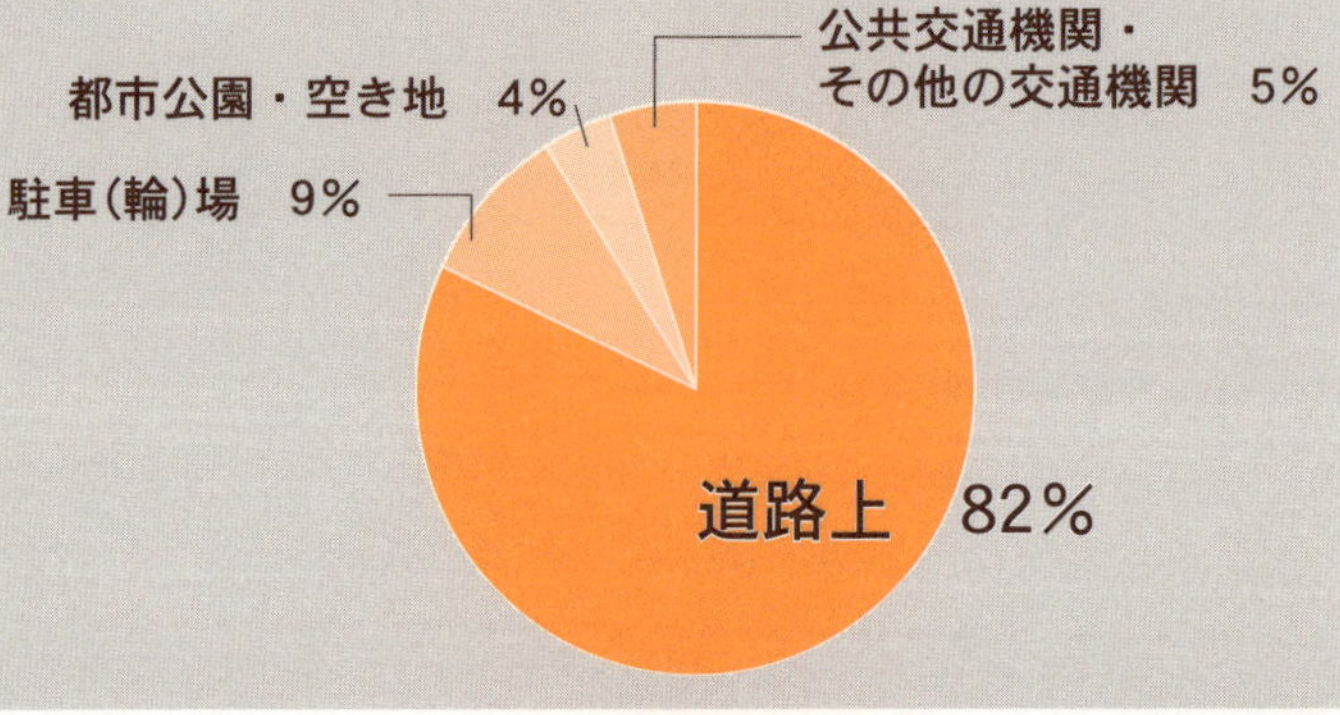

（警視庁　2005年　上半期犯罪情勢より）

※これらは警察が把握したデータであり、表面化されない被害などもまだ数多く存在すると思われます。また、パーセンテージはあくまでデータであり、割合が低ければ、安心できるという意味ではありません。

第4章

さまざまな ぼうはんサービス

地域の安全サービス

各地域でも、防犯に関するサービスを行っています。問い合わせて、気軽に利用しましょう。

●地域の安心メールサービス

地元での不審者情報や、こどもが被害者となりうる危険情報を、メールで随時保護者に連絡してくれるシステムです。地方ごとに名称は違いますが、昨今の児童を狙った犯罪の影響を受け、各地で続々とスタートしています。問い合わせは各市町村へ。「不審者などの情報をメールで配信するサービスはありますか？」と尋ねてください。

●地域の子育てサポート

各市町村には、シルバー人材派遣センターなど、各種のお手伝いをお願いできるシステムがあります。料金等は各自治体ごとに違いますが、大抵は1時間程度からお願いできるので、習い事の送迎など、短時間の手伝いがほしいときには助かります。まずは各市町村の窓口で問い合わせを。

ホームセキュリティの活用

住まいに設置したセンサーが異常を察知すると、警備会社からの電話が入り、24時間いつでも警備員が駆けつけてくけるサービス。さまざまなホームセキュリティ機器の取り扱いも行っているので、よく比較検討し、必要に応じて利用しましょう。

たとえば、自宅の様子を外出先からチェックできるウェブカメラの設置や、暗証番号やバイオメトリックセンサー（指紋、静脈パターン、網膜、声紋などの認証機能）による開錠システムは、こどもがひとりで帰宅し留守番することの多い家庭では、安心感を増してくれます。また、カメラ付きインターホンには、顔を隠していたり、カメラの死角に入っている場合を識別し、通常とは異なるチャイム音で教えてくれるものなどがあります。

●セコム株式会社

http://www.secom.co.jp/　Free Dial：0120-756892

●ALSOK

http://www.alsok.co.jp/　Free Dial：0120-392413

●セントラル警備保障

http://www.we-are-csp.co.jp/
Free Dial：0120-810602

●セキュリティハウス

http://www.securityhouse.net/
Free Dial：0120-848424

防犯送迎サービス

最近では、こどもの送迎サービスを行う民間の企業が増えてきています。料金はかかりますが、どうしてもこどもの様子が心配なとき、親が付き添うことができないときに利用するのもよいでしょう。いざというときには、「お金で安全を買う」という選択肢もあります。

●Kセキュリティー

http://www.k-security.co.jp/

Free Dial : 0120-315571　TEL : 045-629-5571

E-mail : info@k-security.co.jp

政財界要人や世界的なトップアスリートの警護、企業危機管理を担当するなど、経験豊富なスタッフによる国内初のチャイルドプロテクション【児童保護】サービス。依頼主との面談、周辺環境の危機査定のうえ、依頼主とこどもに精神的負担のない警備（保育士資格を持つ女性エージェントが担当するなど）を構築しています。家族に対する危険回避レクチャーや自宅の危機査定などを行い、人・建物・周辺環境のトータルセキュリティサービスを行います。

●日本エスコートサービスキッズセキュリティー

http://www.kids-security.jp/

Free Dial : 0120-568385

送迎サービスのほか、セキュリティーチェック（自宅・通学路の防犯診断サービス）も行っています。

通報を受けたら担当者が現場に急行するサービス

専用機器を携帯することで、居場所を携帯やパソコンから、またはオペレーターを通じて確認できるというものです。機器の通報ボタンを押すと、家族への通報とともに緊急対処員が現場に急行してくれます。人や車があらかじめ設定したエリアから出たら自動的にメールで知らせる「移動異常監視サービス（モバイルガード）」や、専用機器を使わず、携帯にソフトをダウンロードするだけで使える、お手頃価格のサービス（ココセコム）など、各種機能やオプションも日々充実しているので、よく比較してニーズに合ったものを選びましょう。

●ココセコム（セコム）

http://www.855756.com/top.html

Free Dial：0120-855756

●あんしんメイト（ALSOK）

http://e-shop.alsok.co.jp/consumer/anshin_mate/index.html

Free Dial：0120-386424

●モバイルガード（セントラル警備保障）

http://www.we-are-csp.co.jp/svmb/main1.htm

Free Dial：0120-810602

ＧＰＳで位置確認できるサービス

公衆電話を探すことが困難になった現代では、携帯電話がこどもとの連絡手段になることが多くなっています。ＧＰＳ機能（衛星利用測位システム）がついた携帯電話であれば、こどもの声を聞くだけでなく、こまめに居場所を確認することができます。

●キッズケータイ（Docomo）

http://www.kids-keitai.com/

Free Dial : 0120-800-000

ボタンひとつで電話をかけられる直電機能や、居場所のわかるＧＰＳ機能に加え、防犯ブザーも付属。ブザーが鳴ると自動的に契約者に居場所をメールで知らせたり、電源を切られても設定間隔ごとに起動し居場所を連絡するなど、さまざまな危険の可能性に対応できる配慮が施されています。

●安心ナビ（au）

http://www.kddi.com/au-anshin/

Free call : 0077-7-111

位置を確認するメールのやり取りが可能なほか、あらかじめ設定した場所・時間帯に所有者が出入りすると、確認のメールが契約者に届き、塾や習い事の場所に無事到着したことや帰路に着いたことが確認できます。居場所を定期的にメールで知らせてくれるオプションサービスもあります。

防犯ブザー＆ホイッスル

ひもタイプ、ピンタイプなどさまざまなものがありますが、毎日携帯するものなので、使いやすいものを選びましょう。また、ただ鳴ればいいのではなく、音の種類もチェックしましょう。多くの電子音があふれる中で、明らかにそれらとは違う音、「周りの人が危険だと感じる音」を選びましょう。防犯ブザーは以下の点に注意が必要です。

①いざというときに、左右どちらの手でもすぐに音を鳴らすことができる場所につけましょう。厚着の季節は、動きが不自由になるため、つける場所に注意が必要です。

②定期的に電池切れ、音の効力のチェックなどを行いましょう。

③防犯ブザーや、ホイッスルを持っているからといって決して過信せず、大声を出す、相手がひるんだ隙に逃げる、ということをしっかりと教えましょう。

④ランドセルに常につけておくのとは別に、遊びに行くとき身につけやすい、小さなものも用意しておくと便利。抜いたピンを失くさないよう配慮してあるものを選びましょう。

●光る防犯ブザー吊りベルトセット

安全対策.com

http://www.anzentaisaku.com

ランドセルの肩ベルトに巻き、 裏側をマジックテープで留め、ずれないようにひもをランドセルの金具に結びつけるだけ。 引き綱を強く引くと、高音で大音量のアラームが鳴り響きます。 暗い夜道で光って目立つ、反射テープ付き。

●音声防犯ブザー　セキュリティハウス

http://www.securityhouse.net/

Free Dial : 0120-848424

ストラップ付のピンを引っぱると、105 dBの警戒音と大音量の音声で「たすけてー !! 」と鳴り響きます。

●超音プチアラーム

防犯・防災グッズ販売店まめたん

http://www.mametan2.com/

TEL : 03-3962-3020

見た目は小さくて軽いのに、デシベル数値的には100 dB。高音で“超音波”のような威喝感。距離が離れていても遠くまで聞こえます。

●警報ブザーピカチュウ　　タカラトミー

TEL:03-3695-3669

ポケモンのブザーは、モンスターボールを引っ張ると鳴る設計。好きなキャラクターがついたブザーなら、こどもも喜んで持ってくれます。

●セキュリっち　どこでもリラックマ　　タカラトミー

http://www.takaratomy.co.jp/

TEL:03-5650-1031

人気の「リラックマ」をキャラクターにした、防犯ブザー付の携帯液晶ゲーム。楽しみながらも持っていられるので、こどもに常に携帯してもらえます。本体についたひもを引っ張ると、防犯アラームが鳴り響きます。

●ぴー助くん　　（株）スギヤス

http://www.bishamon.co.jp/

TEL:0566-54-4188

黄色いボディーが目につきやすく、赤や黒のランドセルにも映え、とても目立ちます。

●ランドベル　防犯倶楽部（株）日本テクノス

http://www.life-sos.com/

TEL：03-3931-3711

ランドセルに付けるタイプの防犯ブザー。通学時はランドセル、帰宅後は腕などに付属のマジックテープで簡単に装着できます。

●音嫌い５号　（株）日本ロックサービス

http://www.lock.co.jp/products-sensor.html

TEL：03-3935-5561

キャップを押すだけで驚愕の音がします。攻撃型ブザーで相手を威嚇し撃退します。電池ではなく、高圧ガスで出す音はまさに驚音。（20回使用）

●緊急ホイッスル　防犯＆防災グッズ販売店まめたん

http://www.mametan2.com/

TEL：03-3962-3020

ホイッスル内に情報を記入したＩＤカードを入れられます。こどもの・住所・血液型・アレルギー等こまかな情報を記入可能。

参考になる防犯サイト

● 防犯チェックポイント（警視庁）

http://www.keishicho.metro.tokyo.jp/seian/bouhan/yuukai/uukai.htm

ふだんから気をつけたい防犯の項目を掲載。ダウンロードも可能。

●どきどきまあちゃんゲーム（警視庁）

http://www.keishicho.metro.tokyo.jp/seian/dokidoki/index.htm

犯罪に関係するシーンでの対応を、クイズ形式で質問しながら先にすすむゲーム。楽しみながら、いざというときのこどもの対応を確認できます。

●子供の危険回避研究所

http://www.kiken-kaihi.org/

こどもを危険から守るための情報サイト。事故や犯罪の防止に関する情報をはじめ、いじめ、虐待防止など、こどもの身の回りに起こりうる危険をさまざまな角度から分析しています。

●財団法人　全国防犯協会連合会

http://www.bohan.or.jp/index2.htm

「犯罪から身を守るために」の項目には、こどもの犯罪被害防止のための、対策法などを掲載。

●NPO法人CAPセンター・JAPAN

http://www.cap-j.net/

こどもへのあらゆる暴力を許さない安全な社会を創ることを目指している団体。活動を通じて家庭や学校、地域の連携を深め、こどもの人権を守っています。誘拐やわいせつな行為から身を守るために「こども体験学習」も実施しています。

付録

こどもの危険度・チェックリスト
こどもの居場所メモ

こどもの危険度・チェックリスト

お子さんが危険な状況に巻き込まれる可能性をチェックします。質問には、「はい（○）・いいえ（×）」で答えてもらいましょう。

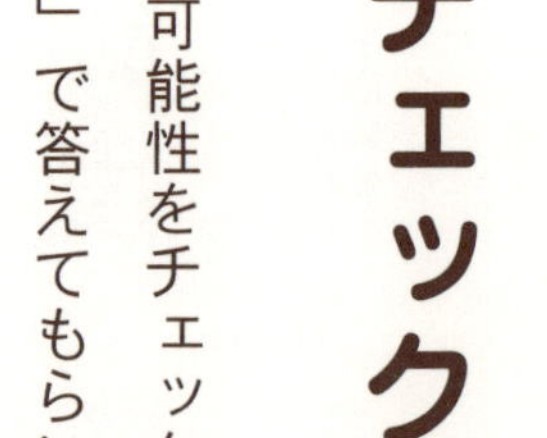

CHECK ✓ LIST 1

1 急いでいるときは、暗くても近い道があれば、そっちを通りますか？ □

2 隠れやすい建物のかげ、誰も住んでいない家や、壊れたお店をのぞいてみたいですか？ □

3 広～い駐車場で遊んだり、通り抜けしたくなることがありますか？ □

4 スーパーの階段やエレベーターで遊びたくなりますか？ □

5 壊れて捨てられた自転車や機械があったら、触ってみたいですか？ □

6 落書きがあるところって、なんだか楽しそうな気がしますか？ □

7 お菓子やおもちゃをくれる人がいたら、知らない人でもついていきますか？ □

8 急に名前で呼ばれたら、顔を見たことがない人でも、知ってる人だと思いますか？ □

9 家にいるとき、ピンポンが鳴って、誰かが「こんにちは～」と言ったら、すぐに出ますか？ □

10 悪い人は、とっても怖い顔をしていると思いますか？ □

はい（　）コ　いいえ（　）コ

CHECK ✓ LIST 2

1. ガードレールの内側を歩いていますか？ □
2. 学校帰りは、お友達と何人かで帰っていますか？ □
3. 家に入るときは、まわりに誰もいないことを確認して「ただいま」を言って家に入っていますか？ □
4. 遊びに行くときは、おうちの人に行き先・帰る時間を伝えていきますか？ □
5. 公園でトイレに行きたくなったら、お友達を誘っていきますか？ □
6. 危険を感じたときに、逃げ込む場所を知っていますか？ □
7. 近所の人に、よくあいさつをしていますか？ □

8 知らない人が話しかけてきても、知らんぷりをしますか？ □

9 変な人がいたら、「助けて！」と、大きな声で叫べますか？ □

10 防犯ブザーは、すぐに鳴らせるところにつけていますか？ □

はい（　）コ　いいえ（　）コ

チェック1では、「はい（○）」の数が多いほど、またチェック2では、「いいえ（×）」の数が多いほど、危険に巻き込まれる可能性は高くなります。

お子さんの答えた対応に不安を感じる項目がひとつでもある場合は、何度でもこの本でおさらいし、危険から身を守る方法をしっかりと教えるようにしましょう。

うちの子、今どこ？

～こどもの居場所メモ～

よくあそぶおともだち

なまえ　　でんわ

じゅうしょ　　ケータイ

なまえ　　でんわ

じゅうしょ　　ケータイ

なまえ　　でんわ

じゅうしょ　　ケータイ

なまえ　　でんわ

じゅうしょ　　ケータイ

なまえ　　でんわ

じゅうしょ　　ケータイ

なまえ　　でんわ

じゅうしょ　　ケータイ

なまえ　　でんわ

じゅうしょ　　ケータイ

がっこう・ならいごと

なまえ　でんわ

じゅうしょ　メモ

なまえ　でんわ

じゅうしょ　メモ

なまえ　でんわ

じゅうしょ　メモ

なまえ　でんわ

じゅうしょ　メモ

しんせき・きんじょ

なまえ　でんわ

じゅうしょ　メモ

なまえ　でんわ

じゅうしょ　メモ

なまえ　でんわ

じゅうしょ　メモ

おわりに

放課後に友達と出かけたり、野山をかけめぐったり、暗くなるまで遊んだり――。最近はこうしたこどもの姿を見ることがほとんどなくなりました。それほどにこどもを取り巻く環境はすっかり変わってしまいました。

自分がこどもだったころと同じように考えて対応していたのでは、こどもは犯罪に巻き込まれてしまう……今はそういう世の中です。

こどもらしくいてほしい、昔のようにいろいろな遊びをし、たくさんの人と触れ合いながら人の心をわかる人間に育ってほしいと思う反面、「知らない人とは話さない」「優しそうな人でも簡単に信じない」といったことをこどもに教えなくてはならないのは、とても悲しいことです。

　でも、それを教えていかなければ危険を回避できない、というのが今の日本の現状なのだ、ということを理解していただければと思います。

「犯罪を起こそうとする者」
「被害者の存在」
「犯罪を起こしやすい環境」

　これは犯罪が起きる要因です。

この3つのタイミングがすべて一致したときが、一番危険な状態です。

この本では、この3つのタイミングを合わせないために、

「被害者の存在」を作らない

=「狙われにくいこども」にするために、こども自身ができること。

「犯罪を起こしやすい環境」を作らない

=「犯罪を起こしにくい環境」にするために、親や地域ができること。

それらをたくさん紹介しました。

本書を手にしたことで、犯罪に対しての意識が高まり、こどもを取り巻く犯罪を減らすことができれば、それはとても喜ばしいことだと思います。

もちろん、精神面でのフォローも大切です。こどもには、常に「私は何があってもあなたの味方よ」ということを言葉だけでなく態度でも伝え、普段の生活のなかでしっかりと親子の信頼関係を確立しましょう。万一こどもが被害にあってしまったとき、そのことをきちんと親に話せるような関係を、築いておくことが大切です。

親の意識としては、こどもに尋ねるばかりでなく、自分のことを積極的に話すことで、どんなことでもこどもが話しやすい環境を作るように心がけて欲しいと思います。

そして、身近な人に対して疑いの心ばかりを抱いてしまうことのないよう、地域でのつながり、仲の良い友達や信頼のおける大人との出会いの中で、こどもの純粋な気持ちを育てていってあげてほしいと思います。

国崎信江

プロフィール

国崎信江

横浜市生まれ。危機管理対策アドバイザー。

女性として、母として「子どものいのちを守る」研究を中心に独自の視点で防災・防犯対策を提唱している。講演、執筆、プログラムコーディネイトなどの活動を行う傍ら、「防災教育チャレンジプラン実行委員」、国立教育政策研究所　生涯学習政策研究部「防災学習の支援システム構築のための調査教育メンバー」などを務める。現在は講演活動を中心に各メディアでも情報提供を行っている。

おもな著書に『地震からわが子を守る防災の本』（リベルタ出版）、『地震から子どもを守る50の方法』（ブロンズ新社）、『犯罪から子どもを守る50の方法』（同）、『震災から財産を守る本』（九天社、共著）などがある。実生活では三人の子どもを持つ母親。

http://www.kunizakinobue.com/

参考文献

「犯罪から子どもを守る50の方法」国崎信江（ブロンズ新社）
「不審者対策研究ハンドブックー安全な学校を作る」
国崎信江・NPO法人キャリア・ワールド（教育開発研究所）

こどもの　あんぜん　どくほん

2006年 5月27日　初版第1刷
2006年12月10日　第2刷

監修
国崎信江

編集
勝見雅江・伊藤温子

イラスト
うつみちはる

発行者
籠宮良治

発行所
太陽出版
〒113−0033 東京都文京区本郷4−1−14
TEL 03−3814−0471
FAX 03−3814−2366
http://www.taiyoshuppan.net/

印刷
壮光舎印刷株式会社
株式会社ユニ・ポスト

製本
有限会社井上製本所

ISBN 4−88469−470−8

あんぜん
あんぜん
あんぜん
あんぜん
あんぜん
あんぜん
あんぜん
あんぜん
あんぜん
あんぜん
あんぜん
あんぜん
あんぜん
あんぜん
あんぜん
あんぜん
あんぜん
あんぜん
あんぜん
あんぜん

あんぜんちずに　はろう！

キケン！
キケン！
キケン！
キケン！
キケン！
キケン！
キケン！
キケン！
キケン！
キケン！
キケン！
キケン！
キケン！
キケン！
キケン！
キケン！
キケン！
キケン！
キケン！
キケン！